RiRaRutsch-Lesebilderbuch
Margret Rettich
Besuch für
Tom und Mia
Loewe

Das hier sind .

Hinter den ist der .

Am liegt eine .

Und auf der steht ein .

Wer wohnt in dem ?

Wem gehört die ?

Wer hat an?

Wer trägt eine ?

Wer hat einen langen ?

Wer wohl?

Mia hat einen langen 

und trägt eine  .

Denn wohnt hier im  .

Tom gehört die ,

und er hat 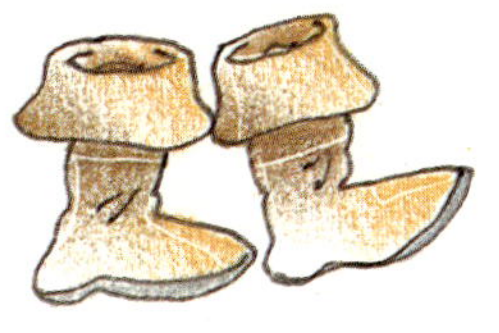 .

wohnt auch hier im  .

Die scheint durch das .

backt im einen .

Sie deckt den :

3 und **3** .

Rund um den stellt

3 .

fragt: „Sag mal, Mia, warum

3 und 3 und 3 ?

Wir sind doch nur **2**."

sagt: „Es kommt Besuch.“

fragt: „Wer kommt denn?“

sagt: „Das weiß ich nicht. Geh

und hol uns einen Besuch.“

zieht die an.

Er setzt die  auf und geht los.

Über die ,

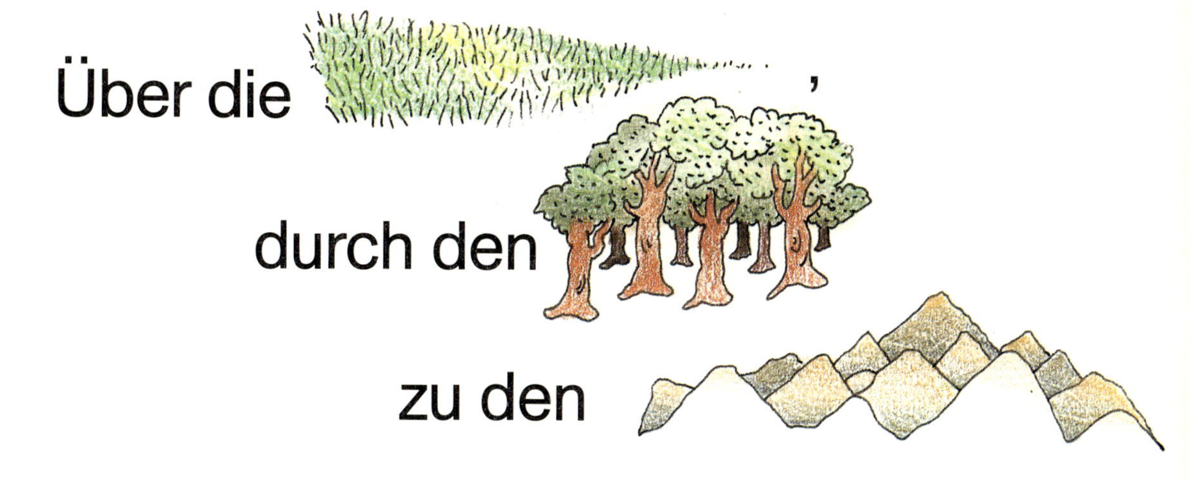

durch den

zu den

Die scheint ganz warm. Dann

kommt erst eine , nun kommen

viele . Die  ist weg. Es .

 sitzt unter einem .

Dort kommt der 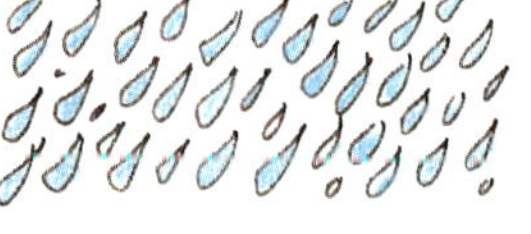 nicht hin.

Er zieht seine  aus, sonst

werden sie naß. In die 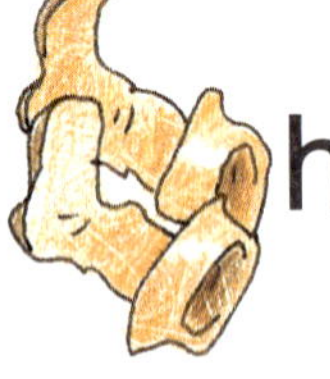 huschen

5 , denn dort werden

sie nicht naß. Die  ziehen

weiter. Es  nicht mehr.

Nun scheint die wieder. will

seine anziehen. Aber in den

sitzen 5 . Er nimmt die

in die und läuft barfuß nach .

steht vor der und wartet.

ruft: „Rate mal, Mia, wen ich

bringe." Sie rät: „Etwa unsere Oma?"

sagt: „Falsch geraten, Mia."

Er dreht die herum, und

5 huschen in das .

Dieser Besuch gefällt gar nicht.

Sie nimmt einen und rennt hinter

den her. Die huschen

über den und dann unter den

und nun an der hoch bis auf

den . Dort kommt nicht hin.

ruft: „Tom! Hol eine ."

fragt: „Soll uns denn eine

besuchen?" sagt: „Nein, Tom.

Sie soll die fangen!"

zieht die an und geht wieder

los. Er findet keine , aber er sieht

einen und denkt: Sicher kann

ein auch fangen.

wirft seine über den . Dann

trägt er ihn in der nach .

steht vor der und wartet.

ruft: „Hallo, Mia! Rate mal, wen

ich bringe.“ rät: „Etwa eine ,

die fängt?“

„Falsch geraten, Mia“, sagt  .

Er dreht die  herum, und ein

 flitzt in das  .

Dieser Besuch gefällt  gar nicht.

Sie nimmt einen  und rennt hinter

dem her. Der  wirft die

um, er zerrt die aus dem

 , dann flitzt er unter den .

Dort kommt  nicht hin.

 ruft: „Tom! Hol einen .“

fragt: „Soll uns denn ein

besuchen?“ sagt: „Nein, Tom.

Er soll den schießen!“

setzt die auf und geht

wieder los. Über die , durch

den zu den .

Er trifft keinen . Aber hinter

einem lauert ein .

Der denkt: Wenn ich raube,

kriege ich bestimmt viel für ihn.

Der packt und steckt ihn in einen . Dann zieht er die von an und setzt die von auf. Er schleppt den mit durch den und über die .

steht vor der und wartet.

Der ruft: „Hallo, Mia! Rate mal, wer ich bin.“

sagt: „Du bist doch Tom.“

Der ruft: „Falsch geraten, Mia.“

strampelt im und schreit:
„Gib acht, Mia! Es ist der !“
Dieser Besuch gefällt gar nicht.
Sie nimmt einen und haut
dem auf den . Dann macht
sie den auf und holt heraus.
Dafür stecken und den
in den hinein. Mit einem
binden sie den ganz fest zu.
ruft: „Tom! Hol einen .“

fragt: „Soll uns denn ein besuchen?“ sagt: „Nein, Tom. Er soll den einsperren!“ zieht die an und setzt die auf. Dann geht er wieder los. Über die , durch den zu den . Er sucht lange, aber er findet keinen .

Die geht unter. Der geht auf.

Da läuft zurück nach .

 steht vor der  und wartet.

Sie ruft: „Tom! Rate mal, wer da ist."

 rät:

„Ein , der den einsperrt?

Ein , der den schießt?

Oder etwa eine , die uns die

 fängt?"

 ruft: „Falsch geraten!

Unsere **Oma** ist da!"

Das ist endlich der richtige Besuch.

legt auf die 3 und
gießt in die 3 . Dann sitzen
und und die auf 3
rund um den und freuen sich.
Heimlich flitzt der aus der .
Die 5 huschen hinterher.
Sie knabbern den am auf.
Da kann auch der ausreißen. Er
kommt nie mehr in das auf der
am hinter den .

Hier sind die Wörter
zu den Bildern:

Mia und Tom

 Berg	 Wald	 Wiese
 Haus	 Mütze	 Stiefel
 Schürze	 Zopf	 Sonne
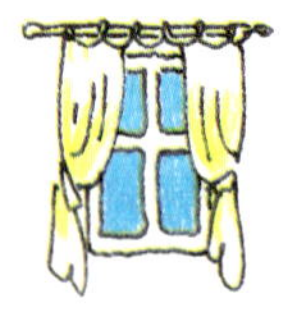 Fenster	 Tasse	 Kuchen
 Tisch	 Herd	 Teller
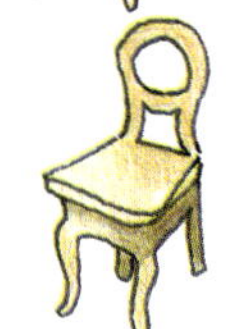 Stuhl	 Wolke	 Regen
 Strauch	 Maus	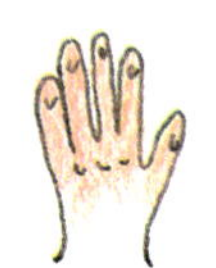 Hand